ESTE ES UN REGALO

DE:

PARA:

FECHA:

SÉ QUE MI PAPÁ SIEMPRE ME PROTEGERÁ. ES UN **SÚPER PAPÁ**

MI SÚPER PAPÁ SE LLAMA:

MI PAPÁ ES
GENIAL
PORQUE
ME ARROPA POR
LAS NOCHES

PAPÁ Y YO NOS DIVERTIMOS MUCHO CANTANDO CANCIONES JUNTOS

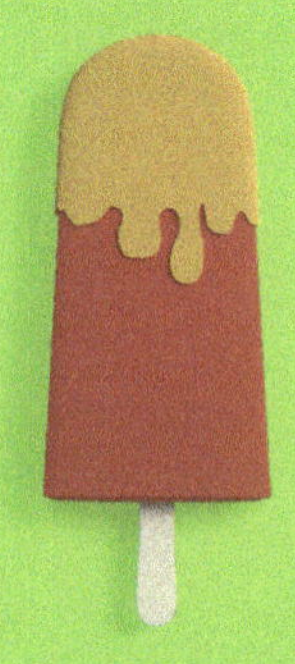

LA
QUE
MÁS
ME
GUSTA
CANTAR
CON ÉL
ES....
A
60
min
LAS CANCIONES DE PAPÁ Y MÍAS

MI PAPÁ

ES MI PAPÁ

DESDE

EL DÍA:

YO NACÍ EL:

MI SÚPER PAPÁ A VECES ME COMPRA CHUCHERÍAS

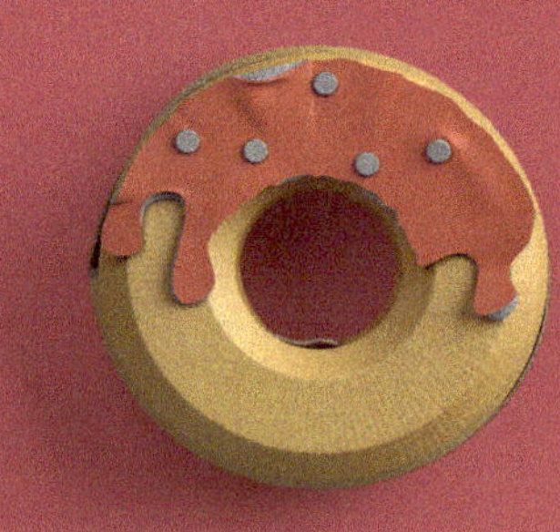

PERO YO CREO QUE
SU COMIDA
PREFERIDA ES:

MI PAPÁ ES EL
MEJOR
PORQUE ME DA
MUCHOS BESOS

ASÍ DIBUJO YO
A MI PAPÁ

MI PAPÁ
ME LEE
CUENTOS
MUUUUY
CHULOS

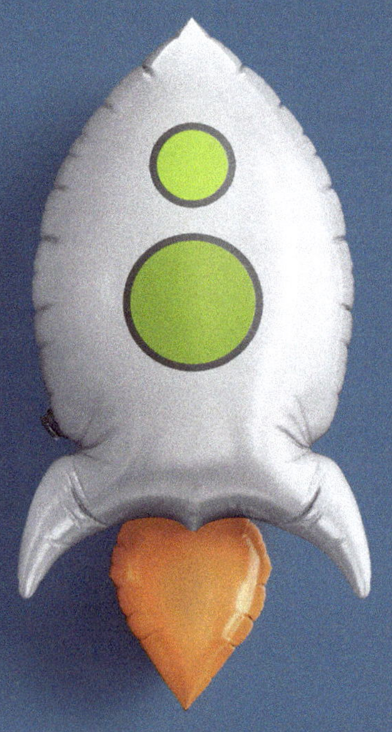

Y EL QUE MÁS ME
GUSTA QUE ME LEA ES:

A VECES
NOS QUEDAMOS
DORMIDOS JUNTOS Y
NOS ENCONTRAMOS
EN LOS SUEÑOS

ATENCIÓN:
SOÑANDO

MI PAPÁ SABE
MUCHAS COSAS
Y ME AYUDA CON
LOS DEBERES

EL SÚPER CEREBRO DE PAPÁ:
Sabiduría Total de papás
ESTO SÍ LO ENTIENDO
Y ESTO
(LLENO DE COSAS COMPLICADAS QUE YO NO ENTIENDO)

MI PAPÁ
ES MUY FUERTE
Y PUEDE ABRIR
LAS TAPAS DE
TOOODOS
LOS BOTES
PAPA

EL MEJOR MOMENTO DEL DÍA ES CUANDO MI PAPÁ JUEGA CONMIGO

EL JUEGO QUE MÁS
ME GUSTA JUGAR
CON PAPÁ ES:

MI PAPÁ
A VECES
(MUY POCAS, ¿EH?)
SE ENFADA

DIBUJO DE LA CARA DE
MI PAPÁ ENFADADO:

DE MI PAPÁ ME
GUSTAN MUCHAS
COSAS PERO
LA QUE MÁS
ME GUSTA ES...

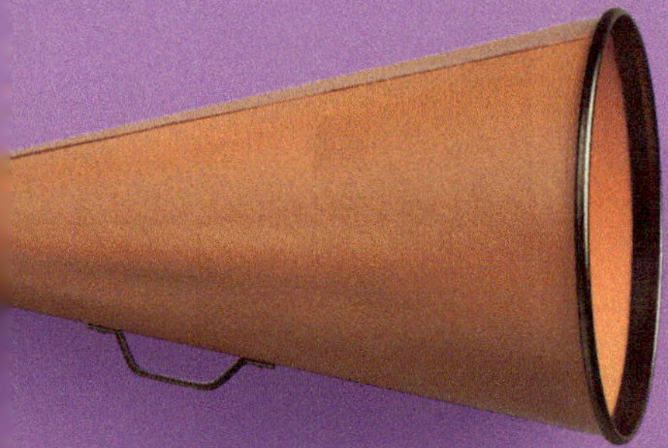

LO QUE MÁS ♥ DE PAPÁ ES

SI MI PAPÁ TUVIESE MI EDAD, SERÍA MI MEJOR AMIGO DEL COLE PORQUE ES CON QUIEN ME GUSTA PASAR MÁS TIEMPO

ASÍ ERA MI PAPÁ
DE PEQUEÑO

AUNQUE A VECES ESTÉ CANSADO, MI PAPÁ ME ESCUCHA Y ME HACE SENTIR MUY BIEN

ME GUSTARÍA REGALARLE
MUCHOS DÍAS DE VACACIONES
PARA ESTAR JUNTOS
VALE
POR VACACIONES
INFINITAS
JUNTOS

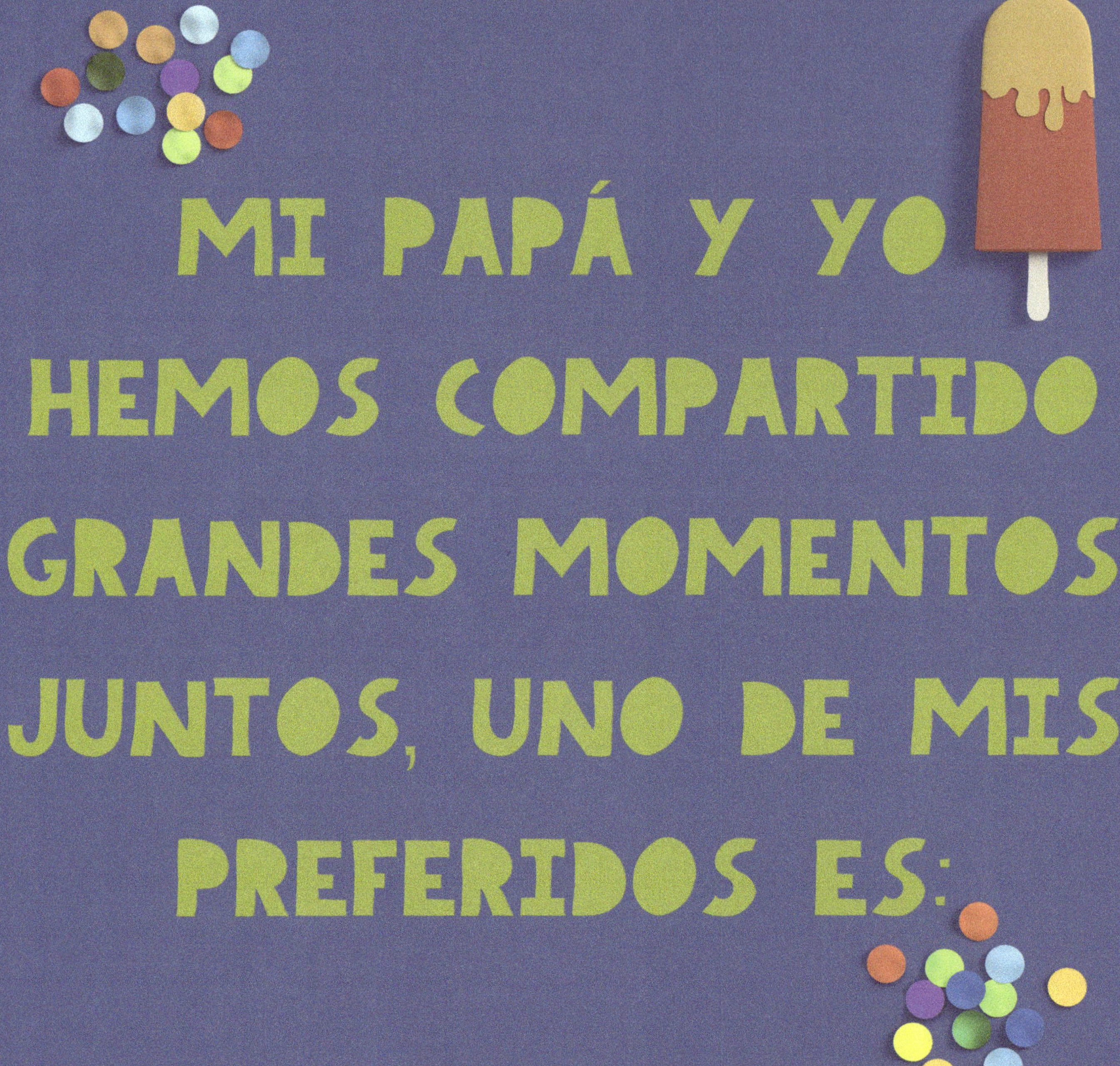

MI PAPÁ Y YO
HEMOS COMPARTIDO
GRANDES MOMENTOS
JUNTOS, UNO DE MIS
PREFERIDOS ES:

RECUERDO
CON MI PAPÁ

A PAPÁ Y
A MÍ NOS
GUSTA
MUCHO VER
PELIS JUNTOS

YO CREO QUE
SU PELI FAVORITA ES:

MI PAPÁ ES EL MEJOR PORQUE ME HACE REÍR

PROHIBIDO
NO
PARTIRSE DE
RISA TODOS
LOS DÍAS

MI PAPÁ CREE QUE LO QUE MÁS ME GUSTA SON LOS DIBUJOS ANIMADOS PERO EN REALIDAD...

LO QUE MÁS ME GUSTA
ES VERLE SONREÍR ASÍ:

PAPÁ,
TE QUIERO

ESTE LIBRO ES UN REGALO PARA MI PAPÁ. ESPERO QUE SEA UN MARAVILLOSO RECUERDO PARA LOS DOS. ES MI MANERA DE DECIRTE LO MUCHO QUE TE QUIERO Y EL DESEO DE QUE SIGAMOS COMPARTIENDO MUCHAS COSAS JUNTOS POR SIEMPRE JAMÁS.

ERES EL MEJOR PAPÁ DEL MUNDO Y ¡TE QUIERO!

ISBN 978-91-89848-22-1

9 789189 848221

VOLCANOES
VOLCANS
EN
FR
Samuel John
BOOKS
BILINGUAL
BILINGUE